BEI GRIN MACHT SICH IHR WISSEN BEZAHLT

- Wir veröffentlichen Ihre Hausarbeit,
  Bachelor- und Masterarbeit

- Ihr eigenes eBook und Buch -
  weltweit in allen wichtigen Shops

- Verdienen Sie an jedem Verkauf

Jetzt bei www.GRIN.com hochladen und kostenlos publizieren

Sandra Eichhorn

Theorien sozialen Wandels

Auseinandersetzung mit Theorien des sozialen Wandels von Geißler und Rostow

GRIN Verlag

Bibliografische Information der Deutschen Nationalbibliothek:

Die Deutsche Bibliothek verzeichnet diese Publikation in der Deutschen National-
bibliografie; detaillierte bibliografische Daten sind im Internet über http://dnb.d-
nb.de/ abrufbar.

Impressum:

Copyright © 2009 GRIN Verlag, Open Publishing GmbH
Druck und Bindung: Books on Demand GmbH, Norderstedt Germany
ISBN: 978-3-656-48309-0

Dieses Buch bei GRIN:

http://www.grin.com/de/e-book/163476/theorien-sozialen-wandels

GRIN - Your knowledge has value

Der GRIN Verlag publiziert seit 1998 wissenschaftliche Arbeiten von Studenten, Hochschullehrern und anderen Akademikern als eBook und gedrucktes Buch. Die Verlagswebsite www.grin.com ist die ideale Plattform zur Veröffentlichung von Hausarbeiten, Abschlussarbeiten, wissenschaftlichen Aufsätzen, Dissertationen und Fachbüchern.

Besuchen Sie uns im Internet:

http://www.grin.com/

http://www.facebook.com/grincom

http://www.twitter.com/grin_com

Schriftliche Ausarbeitung

Veranstaltung: Theorie und Empirie sozialstrukturellen Wandels

Sommersemsester 2010

Autorin: Sandra Eichhorn

Semester: 2

Im Folgenden werde ich mich mit zwei Texten, die sozialen Wandel erklären sollen, auseinander setzen. Der erste ist von Geißler, in dem er den sozialen Wandel in Deutschland mit dem Modernisierungskonzept analysiert.

In dieser Ausarbeitung werde ich mich mit der Frage beschäftigen, ob Geißler in seinem Konzept auch die Nachteile der Modernisierungstheorie bzw einer modernen Gesellschaft berücksichtigt, auf die er anfänglich selbst hinweist und ob eine andere Theorie besser zur Erklärung der Wende geeignet ist.

Ich halte diese Fragestellung deshalb für sinnvoll, weil es meiner Meinung nach viel gerechtfertigte Kritik an der Modernisierung gibt und ich denke, wenn Geißler den sozialen Wandel in Deutschland mit dem Konzept der Modernisierung erklärt, ist es wichtig, die Tücken der Theorie zu beachten.

Ich halte es kaum für möglich, den Westen mit seinem Konzept nicht zu idealisieren.

Als zweite Theorie habe ich das Prinzip der „Take-Off-Phase" von Walt W. Rostow gewählt und werde es mit dem von Geißler vergleichen.

Im Folgenden werde ich allerdings erst einmal Geißlers Konzept erläutern und dann kritisieren.

Zuerst beleuchtet er die Wichtigkeit des Modernisierungskonzepts für die Erklärung sozialen Wandels, benennt aber auch direkt die Nachteile.

Er sagt, dass man mit dem Konzept Gefahr läuft, moderne Staaten zu idealisieren, und behauptet, dass er diesen Nachteilen trotzdem Beachtung schenken wird, und die Theorie daher doch auf die Veränderungen nach der Wende anzuwenden ist (Handbuch zur deutschen Einheit 1999: S.681).

Geißlers wichtigste Behauptung ist, dass der Osten im Gegensatz zum Westen in vielen Bereichen rückständig ist. Er bezeichnet die Rückstände im Osten als „Modernisierungsdefizite" und den Umbruch als „nachholende Modernisierung". Weiter behauptet er, dass „die treibende Kraft der Modernisierung die Leistungssteigerung einer Sozialstruktur ist" (ebd., S.681).

Daraufhin nennt er die 10 wichtigsten Defizite, darunter sind das „Ost-West-Wohlstandsgefälle", also dass der Westen reicher als der Osten ist, sowie die übermäßige Machtkonzentration (durch eine große Machtelite konnten keine Teileliten zustande kommen, die Macht war also auf zu wenige Menschen konzentriert). Außerdem die Verknüpfung des sozialen Aufstiegs an politische Solidarität sowie der rückständige Dienstleistungssektor. Weitere Defizite sind zu wenig Selbstständige auf Grund von politischen Vorgaben und ausgebremste, hochqualifizierte Berufsgruppen. Auch die lockere Arbeitsdisziplin war defizitär. Als letztes nennt er die niedrigere Lebenserwartung, den hohen Abwanderungsdruck und die schlechte Chance für Kinder aus unteren Schichten eine Hochschulausbildung zu bekommen (ebd., S. 682-683).

Nach Abschluss der Erläuterung der Defizite legt Geißler dar, inwiefern der Osten trotz allem in manchen Punkten moderner als der Westen war. Als Beispiele nennt er eine höhere Scheidungsrate als im Westen sowie die geringe soziale Ungleichheit zwischen Männern und Frauen, die im Westen viel höher war (ebd., S. 683).

Darauf folgend macht er an einigen Beispielen klar, dass die Wende den Osten weitaus mehr beeinflusst hat als den Westen, wie z.b. durch die Politik, die Ökonomie, das Rechtssystem und vor allem die Ideologie (ebd., S. 684)

Als Nächstes zeigt er an vielen empirischen Daten wie genau sich der Umbruch im Osten entwickelt hat. Ein Beispiel dafür ist, dass der Wohlstand im Osten in Stagnation verfallen war, beispielsweise lagen die Tariflöhne im Osten 1961 40% unter dem Westniveau.

Der Osten passte sich aber relativ schnell an den Wohlstand im Westen an, 1998 lagen die Tariflöhne nur noch 10% unter dem Westniveau.

Ein weiteres Exempel ist, dass aus der Elitenstruktur eine Teilelitenstruktur wurde, wodurch eine weitaus größere Bandbreite an Meinungen und Möglichkeiten zulässig wurde.

Einige weitere Beispiele sind die Übernahme von wichtigen Posten durch Westdeutsche (wodurch im Osten ein Gefühl der Kolonialisierung entstand) oder die Zunahme sozialer Ungleichheit, denn die Arbeiterschicht war beispielsweise plötzlich viel schlechter gestellt (ebd., S. 685-687).

Dann kommt er zu den Problemgruppen der Modernisierung. Dazu gehörten seiner Meinung nach beispielsweise die Frauen, da es im Osten wieder zu einer größeren sozialen Ungleichheit kam.

Auch von dem Umbruch betroffen waren Un- und Angelernte, Bauern und Erwerbstätige im Alter von 45-55, da sie die Vorzüge der Rente noch nicht genießen konnten, und trotzdem nicht mehr konkurrenzfähig im Kampf um Arbeitsplätze waren (ebd., S. 691-692).

Darauf folgend behauptet Geißler, dass es im Osten zu einer Anomie, also zu einer Regel- und Orientierungslosigkeit, kommt, was er damit begründet, dass viele arbeitslos geworden sind und mit der neuen Lage nicht zurecht kommen. Das belegt er mit einer Studie von 1990, die besagt, dass sich zu dem Zeitpunkt nur 11% der Westdeutschen aber 40% der Ostdeutschen nicht mehr in der neuen Situation zurechtfinden (ebd., S. 693).

In seiner Bilanz sagt er dann noch einmal, dass dieser Umbruch eine „Modernisierung im Zeitraffertempo" ist und dass der Osten nun die letzten Schritte in Richtung moderne Gesellschaft geht.

An diesem Punkt werde ich zur Kritik von Geißlers Modernisierungskonzept übergehen.

Hierbei fällt mir als Erstes auf, dass er zwar die Nachteile kennt, das Konzept aber trotzdem anwendet.

Außerdem nennt er zwar bestimmte Fakten, wie z.b. den Rückgang der Emanzipation im Osten, allerdings habe ich nicht das Gefühl, dass er diese Vorgänge auf irgendeine Art kritisiert.

Genauso verfährt er mit der Tatsache, dass Modernisierung zu Ungleichheit führt, allerdings gab es diese Form von sozialer Ungleichheit im Osten nicht, er sagt dazu aber nur: „Der Hinweis auf die Leistungsproblematik besagt dabei nicht, daß alle neu entstehenden sozialen Ungleichheiten auch wirklich als Leistungsanreize erforderlich sind; [...]" (ebd., S. 687), was ich als sehr neutral bewerten würde.

Er nimmt dadurch die negativen Eigenschaften der Modernisierung in Kauf, ohne, wie angekündigt, auf diese Nachteile besonders zu achten, womit er im Endeffekt dann doch idealisiert.

Als Nächstes habe ich mich gefragt, ob es überhaupt möglich ist, mit diesem Konzept nicht zu idealisieren, da jemand, der es anwendet, eine moderne Gesellschaft automatisch als etwas Positives empfindet. Durch diese Theorie werden schon bestehende Mustergesellschaften idealisiert und wenn man davon ausgeht, dass sich alle Gesellschaften irgendwann modernisieren, würde das dazu führen, dass es nur noch einen Stereotypen gibt, an den sich alle anpassen.

Dadurch würden ganze Kulturen verloren gehen. Diese mögliche Entwicklung ist definitiv eine Schattenseite der Modernisierung, die Geißler nicht beachtet.

Allerdings denke ich, dass es auch in der Hinsicht verschiedene Perspektiven geben kann.

Eine ganz andere Perspektive werden wahrscheinlich die Ostdeutschen gehabt haben, womit ich zu meinem nächsten Kritikpunkt komme:

Ich bin der Meinung, dass er sich viel zu sehr auf die Makroebene beschränkt.

In seinem Text gibt es nur einen kleinen, relativ nichts sagenden Absatz über demographische Veränderungen. Ich halte ihn deshalb für nichts sagend, weil er die Veränderungen schlicht und einfach durch eine „Schockreaktion" erklärt (ebd., S. 690).

Dabei kann man davon ausgehen, dass dieser Schock auch gerechtfertigt war, denn die ostdeutschen Bürger hatten kein Stimmrecht bei der Frage, ob Ost- und Westdeutschland wieder vereinigt werden sollen und nach der Wende hat das Kollektivbewusstsein stark nachgelassen, was für mich auch ein wichtiger Teilaspekt ist.

Generell beachtet er die individuelle Befindlichkeit kaum, was ich als fehlerhaft empfinde.

Ich denke bei einer Anwendung des Modernisierungskonzepts auf diese Thematik ist es lückenhaft, sich nur auf den ökonomischen Teilaspekt zu beziehen, was er hauptsächlich tut.

Meiner Meinung nach ist es notwendig, die einzelnen Teilbereiche differenzierter zu betrachten.

Außerdem geht er nicht auf die Postmodernisierung ein. Ich denke, dass beispielsweise der Solidaritätsaufschlag, der heute noch gezahlt wird, ein wichtiger Faktor der Postmodernisierung ist, diese Faktoren werden von Geißler allerdings nicht berücksichtigt.

Trotzdem ist sein Konzept in Bezug auf Deutschland recht schlüssig, da seine Daten alle empirisch belegt sind und er die Fakten dann nur noch deutet. Hinsichtlich des geschichtlichen Ablaufes der Wende macht das meiner Meinung nach auch Sinn, da es nun einmal genau so passiert ist, wie er es erklärt.

Im Folgenden werde ich jetzt den zweiten Text, den ich zum Vergleich ausgewählt habe, erläutern.

Es handelt sich hierbei um das Konzept der „Take-Off-Phase" von Walt W. Rostow, das eine weitere Modernisierungstheorie darstellt.

Rostow teilt sozialen Wandel in 3 Phasen ein: Die lange Periode (in denen die Voraussetzungen für das „Take-Off" geschaffen werden), das „Take-Off" selbst (die Aufstiegsphase) und daraufhin wieder eine lange Periode, in der sich das Wachstum entweder steigert oder es beispielsweisezu Depressionen kommt (Rostow 1971, S. 288)

Mit diesem Konzept bezieht er sich, genau wie Geißler, hauptsächlich auf den ökonomischen Aspekt sozialen Wandels.

Er beginnt mit der Erläuterung der ersten Phase, also welche Voraussetzungen zum „Take-Off" erforderlich sind.

Sein Prinzip kann man auf zwei Typen von Gesellschaften anwenden, zum Ersten den Typen, in dem sich die komplette Sozialstruktur (Politik, Kultur, etc) ändern musste und zum Zweiten den, in dem Fortschritt vorher unterdrückt war ‚z.B. bei Ländern, die ausgebeutet wurden . Ich werde mich im Folgenden mehr auf den ersten Typus konzentrieren, da die DDR dem eher entspricht.

Er beschreibt diesen ersten Typen als eine traditionale Gesellschaft, die zum großen Teil auf Agrikultur beruht und die sich in ihren Produktionsmethoden nicht verbessert (ebd., S. 288).

In das Schema fällt die DDR am ehesten, da sie definitiv traditional veranlagt war und höchstens intern, aber nicht extern unterdrückt wurde.

Außerdem nennt er verschiedene „Stimuli" (Anstöße) für den sozialen Wandel, im Fall der DDR war dieses Stimuli wohl vor allem der politische Wandel, also die Wende, wodurch der Osten gezwungen war, sich an den Westen anzupassen.

Es ist auch deswegen gut auf die DDR anzuwenden, da eine Voraussetzung für den Aufstieg das Einfließen ausländischen Kapitals ist, was in diesem Falle natürlich gegeben ist (ebd., S. 290-291).

Wenn alle diese Voraussetzungen gegeben sind, kann es zum „Take-Off" kommen, für das er folgende Definition vorgibt: Es müssen drei Bedingungen erfüllt werden, und zwar zum Ersten der Anstieg des Nettosozialprodukts, zum Zweiten die Entwicklung einer oder mehrere industrieller Sektoren und drittens das Entstehen eines Rahmens, der die fortschreitende Entwicklung auch zulässt (ebd., S. 292). Im Osten ist all das passiert: Er wurde reicher, industrielle Sektoren sind gewachsen (vor allem der Dienstleistungssektor) und all das wurde dann durch den neuen politischen und ideologischen Rahmen weiterhin gefördert. Wenn dieser erste zentrale „Aufstieg" dann stattgefunden hat, kommt es zur langen Periode des weiteren Aufstiegs oder eben des Abstiegs.

In diesem Fall konnte sich die DDR langfristig immer weiter entwickeln, das „Take-Off" hat also seine Funktion erfüllt.

Auch wenn dieses Prinzip gut auf Ostdeutschland anzuwenden ist, muss man hier kritisieren, dass auch er sich ausschließlich auf die Ökonomie beschränkt hat.

Man könnte denken, dass die Theorie auch nur dafür gedacht ist; da er allerdings von politischem und kulturellem Wandel spricht (ebd., S. 307), hätte er meiner Meinung dann auch auf mehr als nur die ökonomische Ebene eingehen müssen. Außerdem geht er nicht darauf ein, welche Faktoren zum „Take-Off" führen. Er redet zwar von einer langen Periode, in der die Voraussetzungen dafür geschaffen werden sollen, erklärt aber nicht, wie es dazu kommt.

Außerdem fällt stark auf, dass er sich selbst immer wieder für die Verschwommenheit seines Textes rechtfertigt (ebd., S. 287). Ich denke, er hätte einfach seine Ansätze genauer definieren müssen, dann wäre das gar nicht nötig gewesen.

Hier sehe ich einen großen Unterschied zum Text von Geißler, da Geißler seine Begrifflichkeiten genauer definiert, wie z.B. Modernisierungsdefizite.

Dafür ist Rostows Theorie universal anwendbar, er selbst nennt in seinem Text eine Menge Beispiele, wo sich ein „Take-Off" vollzogen hat, Geißlers Konzept hingegen ist eigentlich nur

6

auf Deutschland anzuwenden, da er, übrigens genau wie Rostow, nicht erklärt, wie es dazu kommt, dass sich eine Gesellschaft modernisiert. Im Fall von Deutschland war es eindeutig, musste also nicht erklärt werden, dadurch beschränkt er sein Prinzip allerdings auf die BDR. Vergleichend kann man sagen, dass beide Autoren die Menschen selbst komplett vernachlässigen.

Sie schreiben beispielsweise nichts über Werte oder Moral, diese Bereiche durchlaufen schließlich auch einige Veränderungen. Durch die Sichtweise der beiden werden die Menschen zum Objekt gemacht.

Insgesamt fällt auf, dass beide Theorien recht eindimensional sind, da die menschliche Dimension fehlt und es mehr um Industrialisierung und Ökonomie geht.

Zusammenfassend kann man sagen, dass Geißler die Tücken seines Modernisierungskonzeptes nicht beachtet. Dadurch, dass er seine Theorie trotzdem anwendet und gar nicht hinterfragt, ob sich der Westen als Musterbeispiel für eine Modernisierung eignet, idealisiert er die westdeutsche Gesellschaft, obwohl er genau das nicht tun wollte.

Rostow hingegen formuliert seine These nur sehr schwammig, dafür ist sie universell anwendbar. Das sieht man vor allem daran, dass sein Text von 1956 ist. Das war vor der Wende und trotzdem lässt sich das Konzept gut auf die DDR anwenden, da der Osten alle Bedingungen für ein „Take-Off" erfüllt.

So muss man sich die Frage stellen, was von beidem besser ist. Ich bin zu dem Ergebnis gekommen, dass ein undifferenzierter Text mit nur wenig eingrenzenden Definitionen nur deshalb auf viele Situationen anwendbar ist, weil er so allgemein gehalten ist. Dadurch eignet sich die Theorie meiner Meinung nach allerdings nicht, um sozialen Wandel im Detail erklären zu können.

Diese Bedingung erfüllt Geißler dann schon eher, obwohl er es nicht schafft, den Modernisierungsfallen zu entgehen, da er trotz allem die alten Bundesländer für eine Gesellschaft hält, an die es lohnt sich anzupassen, ohne dies wirklich zu hinterfragen.

Trotzdem halte ich sein Konzept im Großen und Ganzen für sinnvoll, da es vor allem für das Beispiel der Wende eine gute Erklärungsbasis ist.

Schließlich geht es bei dem Erklärungsversuch nicht primär darum, ob der Westen oder der Osten besser war, sondern darum, dass sich der Osten nun einmal mehr oder weniger freiwillig an den Osten angepasst hat, und dieses Phänomen hat Geißler schlüssig erklärt.

Quellenangaben

Handbuch zur deutschen Einheit 1949-1989-1999 (Werner Weidenfeld/Karl-Rudolf Korte), erschienen als Neuausgabe 1999, S.680-695

Theorien des sozialen Wandels (Wolfgang Zapf), erschienen 1971
(enthält den Text von Walt W. Rostow)

http://www.soz.uni-frankfurt.de/brock/mat/Modernisierungstheorie.pdf